しらべよう！
世界の料理
5

北・中央・東ヨーロッパ

スウェーデン
オーストリア
チェコ
ロシア ほか

監修・著/青木ゆり子
編/こどもくらぶ

はじめに

「食文化」とは、食べ物に関する文化のことです。

食文化は、いろいろな要素が影響しあってはぐくまれます。

はるか昔からその土地に伝統として伝えられてきたもの。その土地の気候・風土、産物、歴史、宗教などがもたらしたもの。ほかの国や地域と交流するなかでうまれたもの。

そうしたさまざまなものがからみあって、その土地独特の食文化がつくりあげられてきました。

だからこそ、世界の人びとを理解し交流するはじめの一歩は、食文化を理解すること。まず「どんな料理を食べているの？」からはじめましょう。

　シリーズ第5巻のこの本では、冬には太陽がほとんど昇らない地域もある北ヨーロッパ、ヨーロッパの東西南北をつなぐ「文化の十字路」に位置する中央ヨーロッパ、キリスト教の「正教会」とよばれる宗派を信仰する人びとが多い東ヨーロッパの国ぐにの食文化を追っていきます。独特で魅力的な食文化にあふれたこれらの国ぐにへの関心を、ぜひ深めてください。

この本で紹介する
北・中央・東ヨーロッパ
の国ぐに＊

　ところで、近年日本を訪問する外国人はどんどんふえています。そうした外国人たちに日本を正しく紹介したい！　それには、日本人が日本の食文化を知らなければならないのは、いうまでもありません。この意味から、このシリーズでは、日本についても第1巻の冒頭に紹介しています。それぞれの国と日本との関係についても、できるだけふれていきます。

　さあ、このシリーズをよく読んで、いろいろな国の食文化、その国とその国の人びとについての理解を深めていってください。

こどもくらぶ

＊ジョージアはアジアの国とされますが、ロシアとの深いつながりからこの巻で紹介します。

もくじ

スウェーデン

1 スウェーデンの風土と食文化 …… 6
2 スウェーデンの冬と夏の料理 …… 8
3 ビュッフェはスウェーデンが発祥の地 … 11
ラップランドの食文化 …………… 12

その他の北ヨーロッパの食文化

1 ノルウェー ………………………… 14
2 デンマーク ………………………… 17
3 フィンランド ……………………… 19

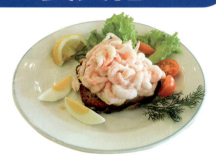

オーストリア

1 オーストリアの風土と食文化 …… 20
2 オーストリアの郷土料理 ………… 22
3 オーストリアの代表的なデザート …… 23

ハンガリー

1 ハンガリーの風土と食文化 ……… 24
2 ハンガリーの郷土料理 …………… 26

チェコ

1 チェコの風土と食文化 ……… 28

ブルガリア

1 ブルガリアの風土と食文化 ……… 30

セルビア

1 セルビアの風土と食文化 ……… 34

ロシア

1 ロシアの風土と食文化 ……… 36
2 ロシアの前菜「ザクースカ」 ……… 38
3 ロシアの郷土料理 ……… 40
正教会の食習慣 ……… 42

ロシア周辺の国の食文化

1 ジョージア ……… 44
2 ウクライナ ……… 45

さくいん ……… 46

スウェーデン

スウェーデンは、スカンディナビア半島の東側をしめる南北に細長い王国で、最北部は北極圏*。世界トップレベルの福祉国家としても知られています。

正式名称／スウェーデン王国
人口／約988万人（2016年3月スウェーデン統計庁）
国土面積／約45万km²（日本の約1.2倍）
首都／ストックホルム
言語／スウェーデン語
民族／スウェーデン人
宗教／キリスト教福音ルーテル派が多数

＊北緯66度33分の緯線より北の地域を北極圏という（→p12）。

1 スウェーデンの風土と食文化

スウェーデンの食文化は、北極に近い北部と南部に大きく分けられます。おおまかにいうと、冬が非常に寒くなる北部ではトナカイや野生動物の肉をよく食べ、首都ストックホルムのある南部では、つけあわせの野菜をたくさん食べる傾向があります。

● 森のめぐみ

スウェーデンの国土のおよそ半分は森林におおわれていて、とても自然が豊かな国です。北部は寒冷地が多いため農地にはめぐまれず、南東部で小麦やジャガイモなどが栽培されています。

森ではラズベリーなどのベリー類や野草、きのこなどがとれ、地域を問わずよく食べられています。ジャガイモは、いろいろな料理のつけあわせによく使われています。スウェーデンの代表的な家庭料理であるショットブラールというミートボールには、コケモモのジャムやゆでたジャガイモなどがそえられます。

森の中に建つかわいい家。

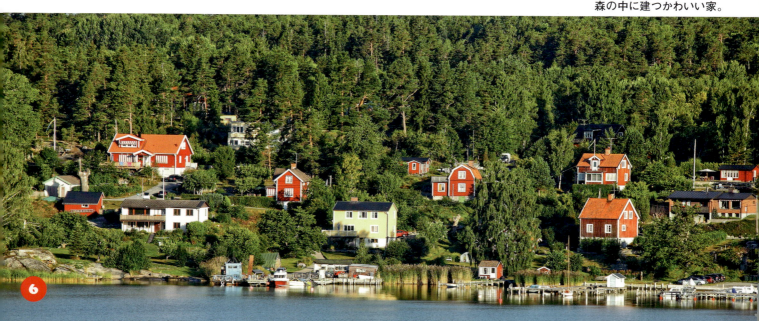

スウェーデン

首都ストックホルムは小さな島じまからなる水の都。世界でもっとも美しい首都ともいわれている。

森でベリーや野草をつむ子どもたち。

森でつみとった、バケツいっぱいのリンゴンベリー（コケモモ）。

海のめぐみ

スウェーデンではニシンをよく食べます。ニシンは、バルト海でとれるストレミングという小ぶりのニシンと、シルというふつうのニシンに大別され、酢漬けやくん製、ゼリーよせ、フライなど、さまざまに料理します。

スウェーデン北部には、「シュールストレミング」という発酵させたニシンの缶づめがあり、世界一くさい食べ物ともいわれています。シュールストレミングは、15℃前後で半年ほどねかせたころが食べごろといわれていて、ゆでた小ぶりのジャガイモなどといっしょに食べます。

ショットブラール
スウェーデンのミートボール。クリーム入りのソースをかけ、ゆでたジャガイモやコケモモジャムなどをそえることが多い。

ニシンの酢漬け

シュールストレミングの缶づめ。

ニシン

2 スウェーデンの冬と夏の料理

日本よりずっと北にあるスウェーデンの冬は、きびしい寒さと長く暗い夜が続きます。昔は、人びとは塩漬けや干した食品などの保存食で冬をしのいできました。短い夏にはピクニックに出かけるなどして、太陽の光あふれる季節を思いきり楽しみます。

● 冬の料理

冬に食べられる特徴的な料理のひとつは、野菜不足によるビタミン不足を補うために、ドライフルーツを使ってつくる甘くて温かいスープです。また木曜日には、体の温まるアートソッパという黄エンドウ豆のスープをつくります。

また、冬の到来を告げる日でもある11月11日の聖マルティン祭の前日には、ガチョウを食べる習慣があります。とくに南部のスコーネ地方では、盛大にお祝いをします。食材の豊富なスコーネ地方は、ウナギのスープやグリルなども名物です。

ブルーベリーのスープ

聖マルティン祭のガチョウ料理

スウェーデン

スウェーデンのクリスマス

スウェーデンでは、「ルシア祭」からはじまるクリスマスの祭りを「ユール」といいます。ルシア祭というのは、冬至の日に当たる聖ルシアの日（12月13日）におこなわれる「光の祭り」です。早朝、白いドレスを着て「聖ルシア」となった少女と星のつかいに扮した男の子が、教会などで「サンタ・ルシア」を歌いながら行進し、サフラン入りのパン「ルッセカット」をふるまいます。

クリスマスのビュッフェ、ユールボード

クリスマスのミルク粥

聖ルシアが頭にかぶるろうそくの冠には、暗く寒い冬を明るく照らすという意味がこめられている。

またスウェーデンでは昔から、貧しくともクリスマスのときだけはごちそうを用意する伝統がありました。クリスマスにはユールボードといって、魚のマリネやニシンの酢漬け、クリスマスハム＊、ジンジャークッキーなどたくさんの料理をビュッフェ形式でならべ、好きなものを皿にとって食べます。甘いミルク粥を食べる習慣もあり、1つだけ入っているアーモンドが当たった人は、願いごとがかなうといわれています。

スウェーデンのサンタクロース

スウェーデンの民間伝承では、農家の納屋には小さな子どもくらいの大きさで赤い帽子をかぶったトムテという妖精が住んでいて、農家を守護していると信じられてきた。クリスマス（ユール）には、トムテに粥をそなえる習慣があった。この習慣が、クリスマスにミルク粥を食べる習慣になったと考えられている。

のちに、アメリカなどのクリスマスの影響を受け、このトムテの伝説とサンタクロースがあわさって、クリスマスイブにプレゼントを運んでくるのは、ユールトムテだとされるようになった。

＊ブロック肉にマスタードやパン粉などをつけて焼いたハム。

夏の料理

夏至祭では、シラカバの葉などでおおった大きな柱のまわりでひと晩中おどりあかす。中部ダーラナ地方の夏至祭が有名。

1年のうちもっとも昼が長い6月の夏至の時期には、「夏至祭」が各地で盛大におこなわれます。夏至祭では、新ジャガイモや新鮮なハーブ、酢漬けニシン、とれたてのイチゴなど、季節ならではのさまざまな食べ物がふるまわれます。

また、毎年8月から9月にかけて、ザリガニ漁の解禁にあわせて、ザリガニをたっぷり食べるパーティー「クレフトフィーバ」が各地で開かれます。ザリガニは塩ゆでして、新鮮なディルなどのハーブで香りづけして食べます。

新ジャガイモとハーブのサラダ

ディルをそえたザリガニの塩ゆで

スウェーデン

3 ビュッフェはスウェーデンが発祥の地

好きな料理を好きなだけ選んで食べられるビュッフェ形式の食事は、じつはスウェーデンから広まりました。「パンとバターの（またはオープンサンドウィッチをならべた）テーブル」という意味をもつスウェーデンのスモルガスボードがはじまりです。

なぜ世界に広まったの？

スウェーデンでは、クリスマスのユールボード（→P9）にみられるように、すでに16世紀から食事を一度に出すスタイルがありました。

ヨーロッパでは19世紀に鉄道が開通し、人びとの移動がふえると、ホテルやレストランが次つぎと建設され、それとともに大勢のお客に対応できる食事スタイルが必要になりました。スモルガスボードは、そんな要求にかなったものだったのです。また当時、缶づめが発明され、季節に関係なく魚料理などを出せるようになったことも、スモルガスボードが発展した理由だといわれます。

スモルガスボードは、1939年にニューヨークでおこなわれた万国博覧会をきっかけに、世界的に知られるようになりました。ノルウェー、デンマークなど他のスカンディナビア諸国にも、スモルガスボードが定着しています。

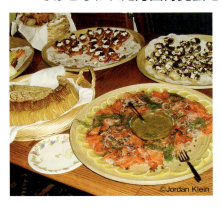
©Jordan Klein

スモルガスボードの料理のいろいろ

スモルガスボードのたくさんの種類の豪華な料理の数かずには、思わず目を見張ります。料理は、ニシンの酢漬けなどの冷たい前菜、温かい料理、デザートに分かれていて、その順に食べていくのが作法です。

温かい料理

ヤンソンの誘惑
厳格な宗教家だったヤンソンさんも思わず食べてしまったという言い伝えのある、ジャガイモとアンチョビ、クリームソースのグラタン風料理。

パン

クネッケ
平たいライ麦パン。1000年前からつくられ、バイキングの主食だったとも伝えられる。

デザート

サフランスカーカ
小麦粉と卵、バターを使った生地にサフランを加えてつくる、冬によく食べるケーキ。ベリー類をかざることもある。

日本の「バイキング」

日本では、1958年に東京の帝国ホテル内にオープンしたレストラン「インペリアル バイキング」で、はじめてスモルガスボードの食事スタイルが紹介された。スウェーデン人やデンマーク人の祖先が北ゲルマン民族（ノルマン人）のバイキング（→p14）であることから命名された店名の「バイキング」は、今では日本で「食べ放題」の代名詞にもなっている。

スモルガスボードをはじめて日本に紹介したレストランの、当時のメニュー。

ラップランドの食文化

ラップランドはスカンディナビア半島の北部、
オーロラがよく見える北極圏をふくむ地域のことをいいます。
ラップランドは、ノルウェー、スウェーデン、フィンランドとロシアの4か国にまたがっています。

ラップランドに住むサーミ人

ラップランドには昔から、自分たちのことを「サーミ」とよぶ先住民がくらしています。独自の言語を話し、トナカイの放牧などで生計を立てています。18～19世紀にノルウェーは、サーミ人がサーミ語を使うのを禁止したり、放牧をやめて農地を開拓することを強制したりしました。サーミ人はこれに抵抗し、スウェーデンやフィンランドに住むサーミ人とともに抵抗運動を展開しました。その結果、現在では民族としての権利がみとめられ、伝統文化が保護され、サーミ語教育もおこなわれるようになっています。トナカイ放牧のために国境をこえることもみとめられました。

トナカイを放牧するサーミ人。

サーミの民族衣装のもようは、地域によって異なる。

＊ ラップランドの区域がはっきりしていないところ。

ラップランドは、冬には最低でマイナス40度になることもある厳寒の地ですが、ノルウェーの西側を暖流が流れている影響で寒さはそれほどきびしくなく、夏には30度をこえることがあります。

　サーミ人は、地元でとれた魚や野生動物、放牧したトナカイ、ベリー類をおもな食料としてきました。なかでも、小粒のクラウドベリー（ホロムイイチゴ）をはじめとするベリー類は、冬のきびしい寒さのなかでくらすサーミ人にとって、貴重なビタミンの補給源でした。

　肉ではトナカイがもっとも重要な食料で、塩以外の味つけはほとんどせず、くん製か干物に加工して食べてきました。トナカイは食料であるほか、そりを引かせて交通手段に使ったり、毛皮を服にしたりなど、さまざまに活用されています。トナカイのほかには、ムース（ヘラジカ）や羊も飼育されています。

　魚は、サーモンやタラなどをよく食べ、保存食としてくん製か干物に加工します。これらを質素なライ麦の平パンといっしょに食べます。

　最近では近代的な食文化も導入され、トナカイの肉を使ったハンバーガーなども新しく開発されています。

クラウドベリー　　　**トナカイの肉のくん製**

ライ麦の平パン（左）

オーロラとは、地球の大気が、太陽から飛んでくる電気を帯びた粒子とぶつかって光る現象。

その他の北ヨーロッパの食文化

北ヨーロッパの国ぐにのなかから、スウェーデンとともにスカンディナビア三国とよばれるノルウェー、デンマークと、フィンランドの食文化を紹介します。

1 ノルウェー（正式名称　ノルウェー王国）

日本とほぼ同じ国土面積をもつ王国ノルウェーは、北部は北極圏にふくまれ、氷河の浸食を受けた入り江フィヨルドと山がちな地形にはばまれて、農業よりも漁業が発達してきました。1970年に北海で油田が発見されて以降、ヨーロッパ屈指の豊かな国になりました。

● タラの水揚げ港ベルゲン

冬はこごえるほど寒く、肥沃な土地が少ないノルウェーの人びとは、昔から船で海に出て生計を立てるしかありませんでした。9世紀から11世紀には、交易をおもな目的として、ヨーロッパ各地に遠征していきました。こうした人たちが「バイキング」とよばれたのです。

ベルゲンにかざられているバカラオ（→p15）の記念碑。

ノルウェーの深く切り立った入り江、フィヨルド。

その他の北ヨーロッパの食文化

　バイキングは、航海中の食料として、魚や肉を塩漬けにしたり、乾燥させたり、くん製にしたりする保存技術にたけていたといいます。なかでも塩漬けにしたタラの干物は航海中のすぐれたたんぱく源であり、重要な交易品にもなりました。

　14世紀から17世紀ごろまで、当時タラの水揚げ港だった、現在ノルウェー第二の都市であるベルゲンには、ドイツの商人が商館を開設して、ヨーロッパ諸国を相手にしたタラの干物の売買を独占していました。スペイン人たちがバカラオとよんだ塩漬けのタラの干物は、アフリカやアジア、アメリカ大陸をめざした大航海時代に、日持ちする食料として重宝されました。また、イタリア、スペインをはじめとするキリスト教国では、復活祭の前には動物の肉を食べない食習慣がかたく守られていたため、肉にかわるたんぱく源としてタラの干物は大量に売れました。

　バカラオの交易で栄えたベルゲンでは、スペインやポルトガル、またそれらの国の植民地だったブラジルなどと同じように、スペイン風のバカラオの料理が今に伝えられています。

カチンカチンにかたくなるまで乾燥させたバカラオ。

ベルゲンの名物料理「バカラオのトマト煮こみ」。

ドイツ人商人が商館としていた切妻屋根の建物が港に面して立ちならぶ、世界遺産にもなっているベルゲンの旧市街。

15

ノルウェーのサーモン

ノルウェーを代表する海産物にサーモン（サケ）があります。北ヨーロッパではサーモンはとても大事にされた魚でした。

日本のサケ（シロザケ）は寄生虫がいるため生食できませんが、ノルウェーでは養殖のアトランティックサーモンから寄生虫を根絶することに成功しました。そこに着目して、生サーモンをすしやさしみのネタに使うことが、1980年代にノルウェー側から日本に提案されました。これは世界中に広まり、今ではノルウェーの生サーモンはすしのネタとして欠かせない食材になっています。

ノルウェーだけでなく北ヨーロッパ全域で、サーモンにハーブのディルを重ね、レモンやハチミツでつくったソースを加えて熟成させた「グラブラックス」や、焼いたりゆでたりして、バターとクリームを使ったサンネフヨルソースをかけたシンプルなサーモン料理がよく食べられています。

グラブラックス

ノルウェーの肉料理

ノルウェーでは魚介類のほか、肉料理も豊富です。ノルウェーの人びとは昔から、トナカイやヘラジカなどの野生動物や野鳥を、自分で狩って食べてきました。家畜では、起伏のあるノルウェーの地形では羊や山羊が飼いやすく、その肉を使った料理がいちばん人気があります。

フォーリコール
羊肉とキャベツがたっぷりと入った煮こみ。

ピンネヒヨット
クリスマスなどに食べる、羊の骨つき肉の蒸し料理。

クジラ肉のブロック。

もっと知りたい！
捕鯨国ノルウェー

ノルウェーは日本と同じように、世界でも数少ない捕鯨をおこなっている国で、その歴史は1000年以上にもなる。北極圏のロフォーテン諸島を中心に捕鯨をおこなってきた。現在も、資源の少ない北極圏地域でクジラを重要な食料としてきた文化が受けつがれていて、焼いたり、シチューにしたりして食べられている。

その他の北ヨーロッパの食文化

2 デンマーク（正式名称 デンマーク王国）

「デーン人の国」という意味のデンマークは、ノルウェーと同じくバイキングの国としての歴史をもつ王国です。現在は、社会保障・福祉がゆきとどき、環境保護にも熱心な国です。首都コペンハーゲンは、アンデルセンの人魚姫の像があることで世界中に知られています。

● デンマークの食の歴史

デンマークは、かつて連合王国だったノルウェーと同様に、昔は国土のほとんどは冷涼とした平坦な荒地でした。そのためデーン人は、バイキング（→p14）の時代に船で海に出て、ヨーロッパ各地で交易などをおこなって生活していました。彼らが、肉の塩漬け、魚の干物などをつくる技術を身につけていたのもノルウェーと同じで、なかでもバルト海に浮かぶボーンホルム島のニシンのくん製は、今もそのおいしさで知られています。

19世紀になると、デンマークの人びとは大規模な農地改良をはじめます。アメリカ産の安い穀物を輸入して家畜を飼育し、肉やチーズなどの酪農製品を他のヨーロッパ諸国に輸出したのです。家畜のふんが肥やしとして土壌の改善に役立ち、かつての荒地に緑が広がっていきました。現在では、デンマークの国土の約60%が農地で、豚肉とその加工品、チーズなどの乳製品などを、日本をふくむ世界各地に輸出するヨーロッパ屈指の農業大国になっています。また、デンマークは農家の生活水準が高いことでも知られています。

ボーンホルム島のニシンのくん製

デンマークの草原の夏。

17

北ヨーロッパで一番の食道楽の国

デンマークは北ヨーロッパで一番の食道楽の国といわれています。首都コペンハーゲンにある王宮には18世紀末からフランス人シェフが出入りして、デンマーク料理に美食の国フランスの影響をあたえました。畜産がさかんになった後は、ローストポークの「フレスケスタイ」、ハンバーグのような「フリカデラ」をはじめとする豚肉料理や、バターやクリームなどのおいしい酪農製品がたっぷり使われるようになりました。

さらに、近年ではコペンハーゲンのレストラン「ノーマ」が、イギリスの雑誌が選ぶ「世界のベスト・レストラン50」で何度も1位を獲得するなど、フランスにも負けない美食の国として注目されています。

フレスケスタイ

デンマークのチーズ

フリカデラ

デンマークならではのスモーブロー

「バターをぬったパン」という意味のスモーブローは、黒パンやライ麦パンの上に魚やチーズ、野菜などさまざまな具をのせて食べる、食材が豊富なデンマークならではの具だくさんのオープンサンドイッチです。とくにランチの時間に食べられています。今では、他の北ヨーロッパの国ぐにでも食べられています。

ハムをのせたスモーブロー

エビをのせたスモーブロー

その他の北ヨーロッパの食文化

3 フィンランド（正式名称　フィンランド共和国）

フィンランドは、スカンディナビア半島のつけ根にある、国土のおよそ70％が針葉樹林、10％が湖沼におおわれた「森と湖の国」です。国名は「フィン人の国」の意味で、フィンランド語は、ほかの北ヨーロッパの国とはちがうアジア起源のウラル語族のため、文化が少しちがっています。

● 心のふるさと「カレリア地方」

フィンランドにはスウェーデンの属国だった時代があり、今もスウェーデンの食文化と似かよったところがあります。スモルガスボード（→p11）に似たビュッフェの食事があり、夏にはザリガニ・パーティーもおこなわれます。これらのなかには、フィンランド人が自分たちのほうが起源だと考えているものもあるようです。

フィンランドで特徴があるのは、ロシアと国境を接する南東部のカレリア地方の料理です。カレリア地方はフィンランド人の「心のふるさと」といわれる地域で、東方から伝えられた料理がたくさんあります。有名なのは、「ピーラッカ」という、ライ麦粉のパイです。カレリア地方では、舟型の生地にミルク粥と、卵やバターをつめて焼いたピーラッカがよくみられます。カレリア地方は、東洋から伝えられたパン焼き窯が、他の多くのヨーロッパ諸国に先がけて使われた地域でもあったのです。

カレリア地方のピーラッカ

● 森のめぐみのきのこやベリー類

森林にかこまれたフィンランドでは、森のめぐみであるきのこやベリー類をよく食べます。きのこは酢漬けや炒め物、生をうす切りしてサラダにのせたりして食べます。ベリー類はコケモモ（リンゴンベリー）やクランベリーなどに人気があり、生で食べたり、ジャムにしたりしてビタミンの補給に役立てられています。

ほかには、「ヘルネケイット」というエンドウ豆のスープ、復活祭のときに食べる「マンミ」という、ライ麦粉やライ麦の麦芽粉を練って焼いたデザートが特徴的です。

ヘルネケイット

マンミ

オーストリア

オーストリアは、ヨーロッパの東西南北を結ぶ「文化の十字路」に位置し、1918年まで650年近くヨーロッパの名家ハプスブルク家が支配する大帝国の中心地でした。

正式名称／オーストリア共和国	言語／ドイツ語
人口／約870万人	民族／主としてゲルマン民族
国土面積／約8万4000km²（北海道とほぼ同じ）	宗教／カトリック約63％（ほかにプロテスタント約4％、イスラム教約7％など）
首都／ウィーン	

1 オーストリアの風土と食文化

オーストリアの料理は、ハプスブルク家の宮廷で洗練されていったウィーンの料理と、国土の60％以上をしめるアルプス山脈などではぐくまれた、素朴な郷土料理に大きく分けられます。

路面電車が走るウィーン市内。

● オーストリアの食事

オーストリアは海のない内陸国のため、牛肉、鶏肉をはじめとする肉料理をよく食べます。海の魚はほとんど食べませんが、昔は、金曜日やクリスマス、復活祭の前などに肉を食べないキリスト教（カトリック）の習慣があったため、淡水魚の料理が発達しました。とくに人気がある魚はコイで、1960年代に規制が緩和されて肉食がゆるされるようになってからも、昔の習慣で、クリスマス・イブの夜には丸ごと焼いたコイを食べることがあります。また野菜類では、ジャガイモ、アスパラガスのほか、酢漬けキャベツのザワークラウト、きのこなどをよく食べます。

オーストリアでは、伝統的に昼食が一日のうちでもっとも重要な食事です。昼食は、手間をかけてつくったスープ（オーストリアではズッペという）からはじまります。牛肉を使ったスープが基本で、クラーレ・リンドズッペという、牛肉や野菜でだしをとったコンソメスープや、クネーデルというだんごを浮かべたスープ、またマッシュルームやエンドウ豆、ジャガイモを使ったスープなど、特色のあるスープがたくさんあります。スープも魚と同様、昔から肉を食べない日によくつくられていたなごりで、今でもスープはオーストリアの食事に欠かせない一品になっています。

©Christian Allinger

レバークネーデルのスープ

ハプスブルク家の夏の離宮だったシェーンブルン宮殿。

オーストリア

● ウィーンの料理

オーストリアの東部に位置するウィーンは、ハプスブルク家の居城があった地で、独特な食文化をはぐくんできました。古くは11世紀に、遠征からウィーンにもどった十字軍*が中東からもちかえったコショウやシナモン、クローブなどの香辛料やショウガ、サトウキビなどが料理に取り入れられました。ハプスブルク家に支配されていたチェコやバルカン半島の国ぐにからも多様な食材や調理技術が集まり、ハプスブルク家の宮廷で華麗に花開きました。

ハプスブルク家の調理場は、豪華な食事を用意するために特別にあつらえられていて、大勢のお客のお茶会用のケーキが一度に焼ける型とオーブンなどもそろっていたといいます。

ウィーンの市民のあいだでも、各地から伝えられた料理を自分たち好みにアレンジする美食文化が根づいていました。それらは今なおウィーンの名物料理として受けつがれ、とくに洗練されたペイストリー（パン菓子、→p23）やお菓子は、そのレベルの高さで世界中に知られています。

* 中世に西ヨーロッパのキリスト教国が、聖地エルサレムをイスラム教諸国から奪還することを名目として派遣した遠征軍のこと。

代表的なウィーン料理

ウィンナー・シュニッツェル
「ウィンナー」は「ウィーンの」という意味で、「シュニッツェル」は「カツレツ」のこと。牛肉をうすくのばして衣をつけ、たっぷりの油で揚げ焼きする。

ウィンナー・グラーシュ
ハンガリー料理グヤーシュ（→p25）のウィーン版。ハンガリーのものよりもあっさりと洗練された味で、野菜はタマネギ以外使わないことが多い。

ターフェルシュピッツ
皇帝フランツ・ヨーゼフ1世の好物として伝えられている、牛肉の煮こみ料理。リンゴソース、西洋ワサビのソースなどをそえる。

もっと知りたい！
ウィンナー・シュニッツェルはイタリア発祥

19世紀の中ごろ、ハプスブルク家は当時支配していた北イタリアで起きた革命をしずめるために、ラデツキー将軍を送った。そのラデツキー将軍がイタリアのミラノで食べたカツレツをとても気に入って、ウィーンにもちかえったといわれている。

ウィーンでは子牛肉を使うのが基本だが、子牛肉は高価なので、家庭では豚肉や七面鳥の肉を使うことがある。ジャガイモとレモンをそえて食べるのが一般的。

2 オーストリアの郷土料理

オーストリアには9つの州があり、隣接している国ぐにの影響を受けるなどして、それぞれに特色があります。首都ウィーンも1つの州として機能しています。

チロル州を代表する郷土料理

アルプス山脈の東部にあるチロル地方。全域がきびしい自然の山地でしめられている。

チローラー・グレステル
豚肉、牛肉などをタマネギやジャガイモと炒めたシンプルな料理。目玉焼きをのせることも。

ザルツブルク州の郷土料理

ドイツに接する地域で、影響を強く受けている。州都ザルツブルクはモーツァルトの生まれた地。

ブルゲンランド州の郷土料理

ハンガリーと国境を接するブルゲンランド州はワインの産地として有名。名門貴族エステルハージ侯爵の宮殿がある。

エステルハージー・ローストブラーテン
ローストビーフ風の料理。肉汁と香味野菜のソースをかけて食べる。

カスノッケン
ショートパスタのような小麦粉のおだんごにチーズをからめて食べる。ドイツにもシュペッツレというよく似た料理がある。

もっと知りたい！

アルプスの食文化

ヨーロッパの中央部を東西に横切り、オーストリアをはじめ、スイス、イタリア、ドイツ、フランス、スロベニアなどの国ぐににまたがっているアルプス山脈。一年のほとんどを雪におおわれ、冬はきびしい寒さのアルプスに住む人びとは、伝統的に酪農にたよってきた。家畜は、乳をしぼりチーズやバターをつくって売るための生活の基盤であり、その肉はハムやベーコンなどに加工し、保存食として大事に食べてきた。

アルプスの代表的な料理のひとつに、スイスの「チーズ・フォンデュー」がある。これは、チーズソースを熱して、切ったパンをひたして食べる料理。ほかに、寒い山岳地帯でも育つジャガイモを使った料理も発達した。チロル料理のチローラー・グレステルや、ジャガイモでつくるおだんごのクネーデルなどが代表的な料理。

チーズ・フォンデュー

オーストリア

3 オーストリアの代表的なデザート

オーストリアはデザートの宝庫です。料理と同じように、ハプスブルク帝国時代にさまざまな地域から製法が伝わって、ウィーンで華やかに洗練されていきました。ハプスブルク家御用達だった菓子店「デメル」は今も営業を続け、日本にも支店を出しています。

アプフェル・シュトゥルーデル
オーストリアのペイストリーの代表格で、リンゴが中に入っている。ペイストリーは、ハンガリー経由でトルコから伝わったといわれる。

ザッハートルテ
ウィーンにあるホテル・ザッハーの名物でもある、とても有名なトルテ（スポンジケーキ）。チョコレートの入ったバターケーキにアンズジャムをはさみ、とかしたチョコレートでコーティングされている。

リンツァートルテ
アーモンド粉のマジパンのあいだにジャムをはさみ、格子のもようをつけて焼いた、オーストリア第3の都市リンツ地方発祥のお菓子。

グーゲルフプフ
オーストリアのクリスマスに欠かせないリングケーキ。フランス語ではクグロフという。

もっと知りたい！

ウィーンのカフェ文化

オーストリアにコーヒーがもたらされたのは、1683年にオーストリアに攻めこんできたオスマン帝国軍がウィーン包囲に失敗して、大量のコーヒー豆を残して撤退したときだという。1685年にはコーヒーのいれ方を知っていた人物によって、ウィーンにカフェがはじめてオープンした。そのコーヒーの味が人びとを魅了し、ウィーンにデザートとともにコーヒーを楽しむカフェ文化が根づいた。音楽の都ウィーンでは、モーツァルトやベートーベン、ヨハン・シュトラウス親子らもカフェで音楽を演奏したのだ。

ウィーンの人びとが発明した世界的に有名なコーヒーは、クリームをたっぷりのせた「ウィンナー・コーヒー」。地元ウィーンの人びとは、これを「アインシュペンナー」とよんでいる。

アインシュペンナー

ハンガリー

アジアの放牧騎馬民族を祖先にもつマジャール人が、ヨーロッパの中央部につくった国。1867年から一時期、オーストリアと同じ君主をいただく大帝国を築き、周辺国に大きな影響をあたえました。

正式名称／ハンガリー
人口／約990万人
国土面積／約9万3000km²（日本の約4分の1）
首都／ブダペスト
言語／ハンガリー語
民族／ハンガリー人（86％）、ロマ人（3.2％）、ドイツ人（1.9％）など
宗教／カトリック約39％、カルバン派約12％

1 ハンガリーの風土と食文化

国土の大部分が草原の広がるハンガリー平原で、中央をドナウ川が流れています。もともとアジアからやってきた民族で、他のヨーロッパ諸国よりも辛めの味つけが多いなど、食文化にも特徴があります。

● ハンガリーのパプリカ料理

パプリカは、アメリカ大陸原産のトウガラシの一種。16世紀に、スペインと、当時オスマン帝国領だったバルカン半島経由で、ハンガリーに伝わったといわれています。多くは辛みがなく、生を調理して食べることもあれば、乾燥させて粉末で使うこともあります。粉末にしたパプリカには、辛いパプリカと、辛くないパプリカの2種類があります。

18世紀ごろからハンガリーで料理に使われはじめ、今ではハンガリー料理になくてはならない食材になりました。粉末のパプリカをよく使うため、ハンガリーには赤っぽい料理が多いのです。

真ん中を流れるのがドナウ川。川の右に見えるのが、ブダペストのシンボル、国会議事堂。ブダペストは「ドナウの真珠」とよばれ、その美しさはパリやウィーンとならび称されるほど。

生のパプリカ

粉末のパプリカ

生のパプリカは、世界でも指折りのビタミンCを豊富にふくんだ野菜。

農家では、パプリカを干して常備しておく。

ハンガリー

代表的なパプリカ料理

パプリカを使ったハンガリー料理の代表格は、牛肉と野菜のシチュー「グヤーシュ」。9世紀ごろの羊飼いのシチューが起源になっているといわれています。移動を続ける羊飼いが体を温めるための料理として、どこでも調理できるように乾燥野菜と肉を使い、当時はまだパプリカは入っていませんでした。

現在では、グヤーシュは、オーストリアやチェコ、ドイツ、クロアチアなど周辺諸国でもドイツ語の「グラーシュ」の名前でよく知られています。

ほかにもハンガリーには、パプリカとサワークリームのソースで肉を煮こんだ「パプリカーシュ」や、タマネギと肉のたっぷり入ったスープ「ポルコルト」などのパプリカ料理があります。

グヤーシュ

鶏肉のパプリカーシュ

国宝「マンガリッツァ豚」

ハンガリー人は牛肉、鶏肉、羊肉、豚肉などさまざまな肉を食べますが、家庭では、豚肉料理や豚肉加工品のハム、サラミ、ソーセージ類がとりわけ好まれています。

ハンガリーでは、「マンガリッツァ豚」という、19世紀前半に誕生したハンガリー固有の、希少種の豚が飼育されています。マンガリッツァ豚は、羊のようにもこもことした巻き毛をもち、スペインのイベリコ豚と共通の祖先をもつといわれている豚です。1991年には200頭を切るほど激減し、絶滅寸前でしたが、徹底した飼育管理制度をとった結果、その数はふえています。2004年にはハンガリーの国宝に指定されました。

大麦や小麦、カボチャやリンゴなどのエサで育てられたマンガリッツァ豚の肉は、霜降りの多い肉質のよさやうま味の強さ、またビタミンやミネラルの含有量の高さで、高級レストランの食材として珍重されています。また、精肉や、生ハム、サラミなどの加工品が日本にも輸出されています。

マンガリッツァ豚

マンガリッツァ豚の生ハム

マンガリッツァ豚のサラミ

2 ハンガリーの郷土料理

広大なハンガリー平原をはじめ、緑茂る山岳地帯、ドナウ川に代表される水流豊かな河川地帯など、自然豊かなハンガリーには、その土地ならではの郷土料理がたくさんあります。

ブダペスト

ハンガリーの首都ブダペストの料理は、パプリカをひかえめに使った、繊細な味わいが特徴です。
牛肉のステーキに、タマネギやニンジン、グリーンピース、フォアグラ入りのソースをかけ、ゆでるか揚げるかしたジャガイモをそえた「ブダペストスタイルのステーキ」が名物料理のひとつです。

中部ドナウ地方

ブダペストをかこむ、ハンガリー中部地方。ハンガリーでもっとも昔の味が残っている地域のひとつといわれています。グヤーシュにも地方色があり、世界遺産のホッローケー村があるパローツ地方では、羊肉とインゲン豆、サワークリームを使ったグヤーシュが名物です。

中央トランスダヌビア地方

ドナウ川の西の地域で、9世紀の終わりにアジアからやってきた遊牧民のマジャール人が最初に居着いた土地といわれます。以来、何世代にもわたって農業がいとなまれてきました。パン生地でハムを包んで焼いた「シポバン・スルト・シュロック」などが郷土料理として知られています。

ホッローケー村

シポバン・スルト・シュロック

ブダペストスタイルのステーキ

パローツ地方の羊肉のグヤーシュ

フォアグラの缶づめ。

ハンガリー産のフォアグラ

フォアグラはガチョウやアヒルの肥大した肝臓のことで、きのこの一種「トリュフ」、チョウザメの卵「キャビア」（→p38）とならぶ世界三大珍味といわれている高級食材。古代ローマ時代にはすでに生産されていたといわれ、ハンガリーのドナウ川西岸は、昔からフランスとならぶフォアグラの一大産地だった。
ハンガリーではフォアグラはごちそうで、ペースト状にしてパンにぬるなどして食べる。また、ガチョウやアヒルの肉もローストにするなどして食べる。

放し飼いにされているガチョウ。

ハンガリー

南部大平原地方

ドナウ川、マロス川など大きな川が流れこむ平原地帯。夏は暑く、カロチャというまちでつくられたパプリカは最高級品として珍重されています。「バジャイ・ハラースレー」という、コイなどの淡水魚のだしをきかせた、パプリカ味のパスタ入りスープが名物です。

カロチャは、繊細な刺繍でも有名なまち。

バジャイ・ハラースレー

バラトン湖周辺

ハンガリー西部にあるバラトン湖は、「ハンガリーの海」ともよばれる、中央・西ヨーロッパ最大の湖です。バラトン湖には、ナマズ、カワカマス、スズキなど約40種類の魚や貝が生息していて、地元の人びとの故郷の味になっています。スズキの一種フォガッシュという魚を姿焼きした郷土料理「バラトニ・フォガッシュ・エゲズベン」がよく知られています。

バラトニ・フォガッシュ・エゲズベン

東北地方

ウクライナ、ルーマニア、スロバキアの3国に国境を接したハンガリー東北地方は、森におおわれた山と平

キュルテーシュカラーチ

原が続く、食材の豊かな土地です。ルーマニアのトランシルバニア地方でも食べられている、ぐるぐる巻きのペイストリー「キュルテーシュカラーチ（ハンガリー語で「煙突」の意味）」が有名です。

● ハンガリーのデザート

ハンガリーのデザートは、オーストリアとハンガリーが1つの国だった19世紀後半に、オーストリアと影響をあたえあって発展し、洗練されていきました。

もっともよく知られているのが「パラチンタ」。うすいクレープのような生地にジャムやチョコレートソースをぬって折りたたんだり、ソースをかけたりして食べます。ハムなどをはさんで軽食にすることもあります。オーストリアやバルカン半島の国ぐにも同じお菓子があります。

そのほかに、クルミやケシの実、ドライフルーツなどをあんにして小麦粉の生地で巻いた、クリスマスや復活祭などに食べるロールケーキの「ベイグリ」などがあります。

パラチンタ

ベイグリ

ハンガリーのワイン

ハンガリーでは紀元前からワインがつくられており、その質の高さで、昔からヨーロッパの王侯貴族の御用達となっていた。有名なのは、貴腐菌というカビに侵された白ぶどうを使った、甘くまろやかな味わいの「トカイ・ワイン」。17世紀にハンガリー王国に攻めこんできたオスマン帝国との戦いのためにブドウの収穫がおくれ、初冬の11月にしなびてしまったブドウでワインをつくったところ、偶然、ハチミツのような濃厚なワインができた、という伝説が残っている。

チェコ

チェコは、かつてはオーストリア＝ハンガリー帝国の属国だった歴史があります。
ロシアなどと同じスラブ民族の国で、豊富な資源と豊かな作物で
古くから発展しました。

正式名称／チェコ共和国
人口／約1055万人
国土面積／約7万8866km²（日本の約5分の1）
首都／プラハ
言語／チェコ語

民族／チェコ人（スラブ民族）95.5％、その他ウクライナ人、スロバキア人など（2011年国勢調査）
宗教／カトリック10.3％、無信仰34.3％

1 チェコの風土と食文化

チェコの国土は、西部のボヘミア地方と東部のモラビア地方に大きく分けられます。ボヘミア地方では小麦やビールの原料のホップの畑が広がっています。モラビア地方にはブドウ畑が広がり、おいしいワインがつくられています。

● 素朴な料理

オーストリア＝ハンガリー帝国の属国だった時代、その首都ウィーンの家庭ではチェコ出身の料理人が働いていました。そのため、多くのチェコの料理やお菓子がオーストリアに紹介されました。

チェコの料理は、豚肉やジャガイモを使った、ボリュームたっぷりで素朴な味わいが特徴。ハンガリー起源の肉入りシチュー「グラーシュ」などに、「クネドリーキ」という、小麦粉またはジャガイモでつくる蒸しパンをそえて食べるスタイルが一般的です。料理には、スメタナ（→p37）という酸味のあるクリームをそえます。野菜料理はあまり多くありません。

また、コイやマスなど淡水魚もよく食べます。チェコでは、中世のころからコイの養殖がおこな

グラーシュとスライスしたクネドリーキ

われていました。19世紀からの風習で、クリスマス・イブの夕食は、フライや煮物、スープなどのコイ料理が定番です。チェコでは、生命力の強いコイは幸運のシンボルで、クリスマス・イブの日に食べたコイのウロコを財布にしのばせると、1年間お金にこまらないといわれています。

プラハの旧市街広場。

チェコ

その他の代表的なチェコ料理

スペインの鳥 牛肉のうす切りに、卵、ピクルス、ベーコンなどを巻いて煮こんだ料理。

ブランボラーク すりおろしたジャガイモを揚げてつくったスナック。

クロバーザ 歯ごたえのある、チェコのソーセージ。

国宝といわれるピルスナー・ビール

チェコのボヘミア地方はヨーロッパ屈指のビールの産地として古くから知られていましたが、昔のビールは濃い褐色でした。1842年に、プルゼニ（ドイツ語でピルゼン）で、現在世界中で醸造されているビールの大半をしめている、ホップの苦みを特徴とした黄金色の透明なビールをはじめて生みだし、プルゼニの名は世界に知れわたりました。これは、ビールの革命ともいわれています。このビールはチェコの国宝とまでいわれ、世界中でピルスナー・ビールとよばれています。チェコの人たちは、食事がわりにビールを飲むほどビール好きです。

ピルスナー・ビール

ボヘミア地方のえんえんと続くホップの畑。

ブルガリア

ブルガリアはバルカン半島の東よりにある国で、農業のさかんな国です。
第二次世界大戦後は社会主義国となり、工業も発展しました。
1990年にブルガリア共和国となりました。

正式名称／ブルガリア共和国
人口／約718万人（2015年世界銀行）
国土面積／約11万km²（日本の約3分の1）
首都／ソフィア
言語／ブルガリア語

民族／ブルガリア人（約85％）、トルコ系（9％）、ロマ（推定約5％）など
宗教／大多数はブルガリア正教会＊、ほかにイスラム教、少数のカトリック、プロテスタントなど

1 ブルガリアの風土と食文化

ブルガリアの東は黒海に面し、北の国境ぞいにはドナウ川が流れ、流域には肥沃な平野が広がっています。14世紀から500年近く、トルコを中心とするオスマン帝国の領土だった時代を経験しているため、食文化にもその影響がみられます。

ブルガリア料理の特徴

ブルガリアはキリスト教徒が多いため、トルコと似た料理であっても、イスラム教徒は食べない豚肉を使うなどのちがいがあります。また、ブルガリアの食文化はトルコだけでなく、他のバルカン半島の国ぐにや、ギリシャなどの地中海沿岸諸国、ロシアなどとも影響をあたえあってきました。

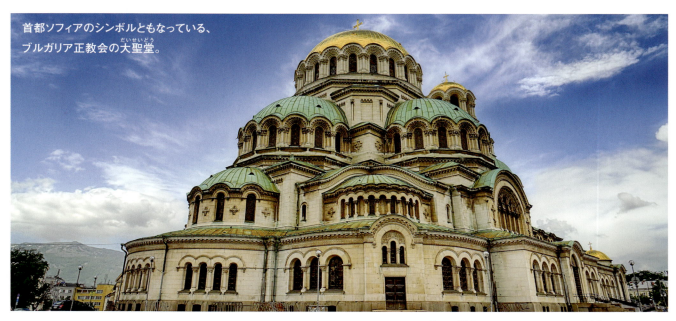

首都ソフィアのシンボルともなっている、ブルガリア正教会の大聖堂。

＊正教会とは、カトリックやプロテスタントと同じくキリスト教の一グループ。正教会は国ごとに異なる教義があるわけではないが、組織としては国ごとに独立している。ロシア正教会、ギリシャ正教会が世界的に知られている。

ブルガリア

　ブルガリアは世界屈指のヨーグルトの消費国ですが、ヨーグルトをはじめ、ミルクやチーズなどの乳製品と、豚肉、羊肉、鶏肉、トマトやジャガイモ、豆類などをよく食べます。

　ブルガリアを代表する料理には、豚肉や子牛肉とタマネギ、きのこなどをオーブンで焼いた「カバルマ」や、ブルガリアスタイルのスクランブルエッグ「ミシュマシュ」、トマトやキュウリ、パセリにすりおろした羊の白チーズ「シレネ」をかけて食べる、首都ソフィアなどショプ地方の郷土料理「ショプスカサラダ」があります。

　そのほか、トルコと共通する料理として、肉料理の「キュフテ（肉だんご）」や「ケバブ（焼肉）」、スープ料理の「チョルバ」、米料理の「ピラフ」などもよく食べられています。なかには、「ビネン・ケバブ（ワイン・ケバブ）」のように、名前はケバブでも、トルコや他の中東諸国の焼肉のようなものとはちがう、独自に変化していって肉をたっぷり使ったシチューのようになった料理もあります。

カバルマ

ビネン・ケバブ（ワイン・ケバブ）

ショプスカサラダ

ミシュマシュ

もっと知りたい！
ブルガリアのデザート

　ブルガリアのデザートは、ペイストリー（パン菓子）の「バクラバ」や「カダイフ」、牛乳と米のプディング「スートラシュ」など、トルコや他のバルカン半島諸国と似たものが多い。なかには、チョコレートでつくる「ガラシュケーキ（トルテ・ガラシュ）」など、ブルガリア独自のデザートもある。

トルテ・ガラシュ

● キリスト教のお祝い料理

ブルガリア正教の信者が国民のほとんどをしめるブルガリアでは、キリスト教のお祝いの日にさまざまな特別料理を食べるならわしがあります。

クリスマスイブの食事は、肉をさけて、野菜が中心になります。食卓に欠かせないのは、豆のスープやシチュー、肉を使わないロールキャベツ「サルミ」と「コレドナ・ピトゥカ」というパンです。このパンは中にコインを入れて焼き、切りわけてもらった一切れにコインが入っていた人は、健康と幸せがやってくるといわれています。他のバルカン諸国にも同じような言い伝えをもつクリスマスパン（→p35）があります。

クリスマスイブ以外には、12月6日（旧暦の12月19日、→p35）の聖ニコライの日にはコイ料理を、4月23日（旧暦の5月6日）の聖ゲオルギオスの日には子羊のローストを食べます。

またブルガリアでは、キリストの復活を祝う復活祭（イースター）もたいせつにされている行事です。復活祭の当日はカラフルに色をぬったゆで卵（イースターエッグ）を交換し、「コズナク」とよばれる甘い三つ編みパンを食べます。

豆のシチュー

コレドナ・ピトゥカ
ブルガリアのクリスマスパン。

地域の民族衣装を着て、つくりものの大きなイースターエッグのまわりで、復活祭を祝う人びと。

ブルガリア

● ヨーグルトを使った料理

ブルガリアでは、トルコなどと同様に、ヨーグルトを単独で食べるだけでなく、料理やデザートにたっぷりと使います。

ブルガリアをはじめとするバルカン半島の国ぐにには、昔からヨーグルトを食べてきました。ノーベル賞を受賞したロシアの微生物学者イリヤ・メチニコフが、ブルガリア人が長寿であることに着目し、「ヨーグルト不老長寿説」を発表したことから、ブルガリアのヨーグルトが世界中に広まりました。

ヨーグルトという言葉自体は、トルコ語の「ヨウルト」に由来しています。ブルガリアではヨーグルトのことを「キセロ・ムリャコ」といいます。毎年7月には、北東部のまちラズグラドでヨーグルト祭りがおこなわれています。

スネジャンカ
スネジャンカは「白雪姫」という意味で、水切りヨーグルトを使ったブルガリアではおなじみのサラダ。

タラトゥール
ブルガリアの夏の定番料理。ヨーグルトとキュウリ、ハーブのディルを使った冷たいスープ。

ヨーグルトのギュベチ
ギュベチは土鍋のこと。トルコやバルカン半島諸国にも似たオーブン料理があるが、ブルガリアでは、豚肉と野菜の上にヨーグルトと卵をかけて焼いたギュベチを食べる。

ヤイツァ・ポ・パナギュリシテ
ブルガリア南西部のまちパナギュリシテの郷土料理。ヨーグルトとパプリカ入りバターをかけて食べる卵料理。

世界一のバラ油の生産国

ヨーグルトで知られているブルガリアだが、バラの花から抽出するバラ油の生産では世界一。世界の80%を生産し、香水の原料としてフランスをはじめ世界各地に輸出されている。中部のまちカザンラクを中心とした地域が生産の中心で、「バラの谷」とよばれている。

たくさんのバラが収穫できたことを感謝して、毎年6月上旬にバラ祭りが開催されている。

セルビア

バルカン半島の内陸部に位置するセルビアは、かつてクロアチア、ボスニア・ヘルツェゴビナ、マケドニアなどとともに6国*で構成していたユーゴスラビア連邦の中心国でした。そのため、各国には共通した食文化があります。

正式名称／セルビア共和国
人口／712万人（2011年国勢調査）
国土面積／7万7474km²（北海道とほぼ同じ）
首都／ベオグラード
言語／セルビア語（公用語）、ハンガリー語など
民族／セルビア人（83％）、ハンガリー人（4％）など
宗教／セルビア正教会（セルビア人）、カトリック（ハンガリー人）など

1 セルビアの風土と食文化

山が多い南部と大平原が広がる北部とが対照的なセルビアは、豊かな自然をもつ歴史ある国。昔から農業がさかんで、食べることの大好きな人びとが多い「食道楽の国」といわれてきました。とくに、豚肉や牛肉をはじめとする肉がよく食べられています。

● 豊かな農作物と酪農品

オスマン帝国領時代にアメリカ大陸からスペイン経由でパプリカが伝わり、セルビアの食材をさらに多様なものにしました。なかでも、パプリカの実を焼いてペースト状にし、塩やオイルを加えた「アイバル」は、肉料理を食べるときなど、セルビアの食卓に欠かせない調味料となりました。アイバルは、現在、旧ユーゴスラビア諸国のクロアチアやマケドニア、またブルガリア、トルコなどにも広まっています。

ほかにもセルビアには、くん製肉やソーセージ、淡水魚、羊や山羊のチーズ、ヨーグルトなど、さまざまな食材があります。とくにチーズは、トルコにもあるクリームチーズに似た「カイマック」や、世界でもっとも高価といわれるめずらしいロバのミルクのチーズ「プレ」が、セルビアの特産品となっています。

パプリカは焼いてからペースト状にする。

アイバル

チーズ売場にならぶカイマック。

*セルビア、スロベニア、クロアチア、ボスニア・ヘルツェゴビナ、モンテネグロ、マケドニアの6国。これらの6国を旧ユーゴスラビア諸国とよぶことがある。

セルビア

代表的なセルビア料理

セルビアでは、豚肉や牛肉などの合いびき肉を指くらいの大きさに成形した「チェバプチチ」など、グリルした肉料理の種類が豊富です。これらは、塩とコショウ、ニンニクなどでシンプルに味つけします。

セルビアの田舎で家畜の世話をする女性。

ブレク
うすい小麦粉の皮で包んだパイ料理。チーズやひき肉などさまざまな具がある。

プニェナ・パプリカ
パプリカにひき肉などの具をつめて煮こんだ料理。トルコの「ドルマ」のセルビア版。キャベツで同じように具を包んだ「サルマ」という料理もある。

カラジョルジェバ・シュニッツラ
豚肉または子牛肉を巻いて揚げたカツレツ風料理。

チェバプチチ
豚肉や牛肉、合いびき肉を細長く丸めて焼いた料理。通常は、タマネギなどの野菜といっしょにソムンとよばれるパンにはさんで、アイバルやカイマックをつけて食べる。

プレブラナツ
白いんげん豆（白花豆）とタマネギ、パプリカなどをオーブンで焼いた料理。

ポドバラク
ザワークラウト（酢漬けキャベツ）とくん製肉のオーブン焼き。

もっと知りたい！
クリスマスには特別なパンを

セルビアは正教会の信者が多い国。クリスマスや復活祭など重要な宗教行事のときには、特別のパンを焼いたり、その前の肉や乳製品の断食のときには、豆などを使った料理を食べたりするならわしがある。ただし、旧暦*で宗教行事をおこなうセルビアでは、クリスマスは12月25日ではなく、1月7日。クリスマスには、コインをしのばせた「チェスニッツァ」というクリスマスパンを焼くなど、ブルガリアとよく似た風習がある。

チェスニッツァ

＊ユリウス暦ともいい、現在の暦（グレゴリオ暦）とはおよそ13日のずれがある。

ロシア

ロシアはユーラシア大陸のアジアとヨーロッパにまたがる、世界最大の国です。ロシア帝国とその後のソビエト連邦を経て、1991年に80以上の共和国や自治州からなるロシア連邦となりました。

正式名称／ロシア連邦
人口／1億4651万人（2016年1月）
国土面積／約1710万km²（日本の約45倍）
首都／モスクワ
言語／ロシア語、各民族語

民族／スラブ系ロシア人約80％、その他にタタール人、ネネツ人、ヤクート人など100以上の民族
宗教／キリスト教（おもにロシア正教会）、イスラム教、仏教、ユダヤ教など

1 ロシアの風土と食文化

ロシアの国土の多くは北緯45度以北にあり、冬はきびしい寒さがおそいます。この広い国土に多くの民族がくらしていて、各民族の影響を受けた料理があります。ロシア正教を信仰している人が多く、食文化にその影響が反映されています。

● ぜいたくなロシア貴族の料理

現在のロシア料理のルーツは、ロシア帝国時代の豪華な貴族の料理と、素朴な庶民の料理に大きく分けることができます。

皇帝ピョートル1世の時代から、宮廷にはフランスやオーストリアなどから料理人がよびよせられ、さまざまなめずらしい果物や高級食材がヨーロッパから届けられました。こうして貴族は、ぜいたくざんまいの西洋風の食事に明けくれました。

貴族のあいだで誕生した料理の代表格は、うす切りの牛肉をタマネギやマッシュルームと炒めて、「スメタナ」（→p37）をからませた「ビーフストロガノフ」です。この料理は、貴族ストロガノフ家の当主のためにつくられたという逸話が残されています。現在では、一般的なロシア料理になっています。

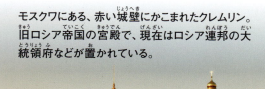
モスクワにある、赤い城壁にかこまれたクレムリン。旧ロシア帝国の宮殿で、現在はロシア連邦の大統領府などが置かれている。

ビーフストロガノフ

ロシア

質素な庶民の料理

貴族とはちがい、庶民はたいてい貧しく、また、ほとんどが地主の奴隷となっていた農民でした。寒冷地のロシアでよく育つ作物はライ麦やソバなどにかぎられ、彼らはライ麦からつくる黒パンを主食としていました。また酢漬けにしたキャベツや、ピクルス、ジャムなど、きびしい冬の寒さを乗り切るための保存食が発達しました。

庶民の料理の代表格は、ソバの実などでつくる粥「カーシャ」と、キャベツ入りのスープ「シチー」です。カーシャとシチーは、日本のご飯とみそ汁のように、今もロシアの家庭の味として愛されています。

ライ麦でつくられた黒パン

クワス
黒パンを発酵させた微炭酸飲料。古代から飲まれていたといわれる。

その後、ロシア帝国の拡張と鉄道網の整備、そして貧富の差に対する農民や労働者の目覚めを発端に、1917年にロシア革命が起こり、1922年に社会主義国のソビエト連邦が誕生。すると、ウクライナやウズベキスタンなどから異民族の料理がロシアに入ってきました。現在でも、ウクライナのボルシチ（→p45）やウズベキスタンのプロフ（ピラフ）などは、ロシアでおなじみの料理です。

カーシャ

シチー
シチーの上にのっている白いものが「スメタナ」。

もっと知りたい！

スメタナ

ロシアの食卓に欠かせないのが、スメタナ。スメタナは牛乳を発酵させたヨーグルト状の乳製品で、さまざまな料理に加えて、こくを出すことができる。日本人にとってしょうゆがそうであるように、ロシア人はスメタナを台所に常備しているという。日本ではサワークリームともいう。

市販されているスメタナ。

2 ロシアの前菜「ザクースカ」

寒冷地のロシアでは、昔は「いつ飢えにみまわれるかわからない」という心配から、食べられるときにできるだけたくさんの食事を用意する傾向がありました。そんなロシアの風土の中から誕生したのが、前菜の「ザクースカ」*です。

● いつでも食べられるように

ロシアでは、あまりにも寒くていつお客がたどりつけるかわからないため、夕食の前にいつでも食べられるように前菜を準備しておく習慣があったのです。夕食の前におなかいっぱいになってしまうほど数かずの前菜「ザクースカ」が、ビュッフェスタイルでたっぷりと用意されます。ザクースカにはロシアを代表する蒸留酒「ウォッカ」がつきもので、招かれたゲストは、テーブルに置かれたウォッカを飲みながらザクースカの料理を楽しみます。

*「ザクースカ」は「ザクースキー（ザクースカの複数形）」ともいう。

テーブルいっぱいにならべられたザクースカ料理の数かず。

ザクースカ料理いろいろ

ラステガイ
小麦粉の生地に魚や肉、野菜、きのこなどの具をつめて焼いた、小さめのパイ。

毛皮のコートを着たニシン
酢漬けニシンをジャガイモとビーツでかざったサラダ。ロシア語では「セリョートカ・ポド・シューボイ」という。

キャビア
高価なことで知られるチョウザメの卵。トリュフ、フォアグラとならぶ世界三大珍味のひとつといわれている。

ロシア

ホロデッツ
魚や肉のゼリーよせ。もともとはウクライナの料理。

サラート・ビネグレット
ビーツやジャガイモ、タマネギ、ピクルスを小さく切って、まぜあわせた酸味のあるサラダ。

サラート・オリビエ
ジャガイモ、ニンジン、グリーンピース、鶏肉などをマヨネーズで和えたサラダ。

ウォッカ
ザクースカに欠かせない、アルコール度数が40度以上と高いライ麦の蒸留酒。

サーロ
豚の脂身の塩漬け。パンにのせて食べることが多い。

もっと知りたい！

コース式料理はロシアが発祥

ロシアでは、ロシア帝国時代に、料理を一度に出す食事方法を改めて、スープにはじまりデザートで終わる、料理を1品ずつ出す「コース式」が定着しはじめた。コース式の食事は、寒いロシアで料理を冷めないうちに提供する工夫だった。これがフランス宮廷に伝わり、さらに広がって、現在では世界中にコース式の食事が根づいている。

また、コース式料理の最初に出す前菜も、ロシアのザクースカからはじまったといわれている。

もっと知りたい！

サモワールでわかすロシアのお茶

13世紀に現在のロシアの地に攻めこんできたチンギス・ハン率いるモンゴル帝国軍は、ロシアに甚大な被害をあたえたが、その一方で、ヨーグルトや乳酸発酵のキャベツ、肉の焼き方、そしてお茶とそのわかし方を伝えた。それ以降ロシアでは、モンゴル人がもたらした「サモワール」という金属や陶器製の湯わかし器を使ってお茶（紅茶）をいれるようになった。日本でロシアンティーというとジャムを紅茶に入れるのが一般的だが、本場のロシアでは、ジャムを軽く口にふくみながら紅茶を飲む。

サモワール

3 ロシアの郷土料理

ウクライナ（→p45）やウズベキスタン（→3巻）はソ連崩壊とともに別の国になりましたが、その影響を受けた料理はロシア料理として定着しています。ほかにも、ロシア連邦内に80以上の共和国や自治州があり、民族色、地方色豊かな郷土料理があります。

ペリメニ

小麦粉のうすい皮にひき肉をつめた、シベリア*発祥といわれる餃子のような料理。ペリメニはその地方の古い言葉で「耳型のパン」という意味があります。ロシアの人たちは一度にたくさんつくって冷凍しておき、食べる前にゆでて、スメタナをそえます。

ロシアの子どもはペリメニづくりを手伝うことが多い。

カジリク

馬肉をくん製にしたソーセージのような、ロシア連邦西部にあるタタールスタン共和国の郷土料理。騎馬民族だったタタール人にとって馬肉は昔から身近な食材で、ヨーロッパには馬肉のミンチの生肉料理タタール（タルタル）ステーキも伝えたといわれています。カザフスタンやトルクメニスタンにも同じような料理があります。

もっと知りたい！
ロシアで人気の具入りのパン、ピロシキ

小麦粉の生地に肉や野菜などの具をつめて、オーブンで焼いたり、油で揚げたりしたもの。ピロシキというと、日本ではカレーパンのような揚げたものが一般的だが、ロシアでは焼いたもののほうが一般的。また、具もさまざまなものがあり、キャベツやきのこ、ジャガイモ、ゆで卵などを使った、肉なしのピロシキもある。

油で揚げたピロシキ。

* シベリアとは、ロシアの国土のうち、ウラル山脈より東側をさす。

ロシア

チャクチャク

発酵前のパン生地を小さく丸めて油で揚げ、上からハチミツをかけて食べるとても甘いお菓子です。タタールスタン共和国にはイスラム教徒のタタール人が多く住んでいるので、イスラム教寺院（モスク）が見られます。そのため、キリスト教（ロシア正教→p42）が主流のロシアのほかのまちとは、一見ちがう雰囲気があります。

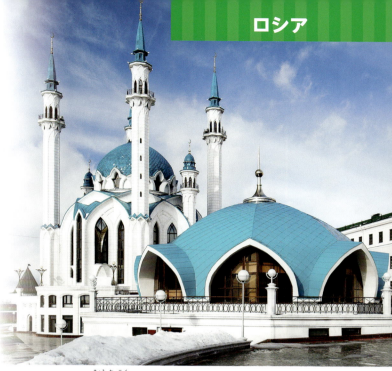

タタールスタン共和国の首府カザンにあるモスク。

ストロガニーナ

面積の40％が北極圏にふくまれる極寒の地サハ共和国で食べられている、凍った生の魚を削った料理です。トナカイなどの肉を削ることもあります。日本の北海道で食べられているアイヌ発祥の料理「ルイベ」に似ています。

バウルサク

ロシア南部にあるアルタイ人の国、アルタイ共和国の小麦粉を使った揚げパンです。同じようなものを、国境を接するカザフスタンやモンゴルなどでも見かけます。

もっと知りたい！
バシコルトスタン共和国の野生ハチミツ

ロシア南西部、ウラル山脈の南側にあるバシコルトスタン共和国は、およそ1000年の歴史と古くからの技術を維持している、ロシア随一のハチミツの生産地。深い森と多くの植物にめぐまれ、養蜂もおこなわれているが、世界でもまれに見る野生のミツバチからハチミツを採取できる地域。栄養分を多くふくんだそのハチミツは、世界でもっとも高価なハチミツともいわれている。

ハチミツはブリヌイ（→p42）につけて食べることもある。

ロシアにも美しい漆器（ホフロマ塗り）があり、ハチミツ入れとしても使われている。

正教会の食習慣

キリスト教は大きくカトリック、プロテスタント、正教会の三派に分かれています。
ロシアは10世紀に正教会を受け入れ、その食習慣もロシアに浸透していきました。
ギリシャ、ロシア、ウクライナ、ジョージアなどの正教会は独立していますが、教義は同じです。

タマネギ型のドームが特徴のロシア正教会の聖ワシリイ大聖堂。

正教会の食習慣

正教会では、金曜日やクリスマス前、復活祭前など、肉や魚、乳製品を食べられない日がかなりあります。実際はもっと複雑で、ロシア正教会では、一年を通していつ何を食べていいのか、いけないのかがわかりやすいカレンダーを配布しています。そうした宗教的な慣習から、ロシアでは古くから野菜料理がたくさんうまれました。

ロシア正教会のカレンダー。肉食できない日のほか、魚を食べてよい日、飲酒を許可する日などが細かく記されている。

復活祭の食習慣

キリスト教徒にとって、クリスマス以上に重要な宗教行事は、復活祭（イースター、正教会の国ぐにではギリシャ語の「パスハ」とよぶ）です。復活祭は、キリストの復活を祝う祭事で、春分の日のあとの満月直後の日曜日におこなわれます。はりつけにされたキリストの苦難をしのんで、復活祭までの40日間（これを大斎という）は、肉、乳製品、アルコールをはじめとする食品を控える教えが説かれています。

大斎のときによく食べられるのは、うす焼きのパンケーキ「ブリヌイ」です。ブリヌイは、バターをたっぷりかけたり、ジャムやハチミツをぬったりして食べます。ロシアの人びとはブリヌイを一年を通して食べますが、この時期にはいつも以上にたくさんのブリヌイを食べます。

ブリヌイはキリスト教が伝わる前からロシアにあった食べ物です。太陽を崇拝していたスラブ民族の原始宗教では、ブリヌイの円形が太陽の象徴とされ、またマースレニッツァという、冬が終わり春をむかえるお祭りでは、しばらく乳製品が食べられなくなる前の食べおさめに欠かせない食べ物でした。復活祭はこの

イクラ*をのせたブリヌイ。

---

* 「イクラ」はロシア語からきた言葉で、日本ではサケの卵のことだが、ロシア語では「魚の卵」全般をさし、「赤いイクラ」はサケの卵、「黒いイクラ」はチョウザメの卵（キャビア）のこと。

古代から続く祭りと重なり、長くきびしい冬を過ごすロシアの人びとにとって、とりわけ盛大にお祝いされる行事となっています。

また復活祭の当日には、ゆで卵のからを色とりどりに染めた「パスハの卵（イースターエッグ）」が欠かせません。この卵自体も、キリスト教到来以前からあった習慣です。

ほかには「クリーチ」という円筒形の甘いパンと、その名も「パスハ」というカッテージチーズにドライフルーツなどをまぜたケーキのようなお菓子を用意します。子豚の丸焼きやサラート・オリビエ（→p39）なども定番料理として食卓にならびます。

カラフルで美しいパスハの卵

パスハ（手前）とクリーチ（左奥）

ロシア正教会の司祭がクリーチを浄めているところ。

マースレニッツァのお祭りでは、雪合戦が恒例。

さまざまな魚料理

昔のロシア正教会では年間に肉が食べられない日が200日もあり、そのため、さまざまな魚料理が誕生しました。「ウハー」という魚のスープをはじめ、チョウザメ、コイ、カワカマスなどのグリルがよく食べられています。

ウハー

ロシア周辺の国の食文化

かつてソビエト連邦を構成していたロシアと15の共和国は、おたがいの文化に影響をあたえあいました。ここでは、そのうちの2つの国、ジョージアとウクライナの食文化を紹介します。

1 ジョージア（日本政府は2015年より国名呼称を「グルジア」から「ジョージア」へ変更）

ジョージアは、ヨーロッパとアジア、中東、ロシアの十字路に位置するカフカス地方の国です。黒海や山岳の多い起伏に富んだ地形にかこまれ、国土の大半は温暖な気候です。100歳以上のお年寄りが元気にくらしている長寿の国としても世界的に有名です。

● ジョージアの食文化

ジョージアは、ロシアやウクライナと同じようにキリスト教正教会の信者が多く、その習慣が食文化にも反映されています。また、ジョージアの長寿の秘訣は、発酵食品のヨーグルト「マツォーニ」やチーズ、栄養分たっぷりのクルミのペーストをたくさん食べ、野菜や果物をバランスよくとっていることだといわれています。

毎年5月におこなわれる国民的行事「新ワイン祭り」。食べ物や民芸品を売るテントがたくさんならび、子どもたちも民族衣装を着て参加する。

ハチャプリ
ジョージア人の大好物。小麦粉の生地にチーズをはさんで焼いた、ピザとパンの中間のような食べ物。

ヒンカリ
中国の小籠包を大きくしたような、ひき肉の具を小麦粉の生地で包んだ肉汁たっぷりの料理。

ハルチョー
牛肉、米、クルミ、プラムのペーストでつくる酸味のあるスープ。

プハリ
ホウレンソウとクルミのペーストのサラダ。上にザクロの実をかざる。

ジョージアのワインづくりが無形文化遺産に

ジョージアは、世界でもっとも古くからワインがつくられていた地域のひとつ。クベブリとよばれる卵型の粘土製のつぼで発酵させる、古代から伝わるジョージアのワインの製法が、2013年にユネスコの無形文化遺産に登録された。

ロシア周辺の国の食文化

2 ウクライナ

ウクライナは、黒土地帯とよばれる肥沃な農地と温暖な気候にめぐまれ、16世紀から「ヨーロッパのパンかご」などとよばれてきました。ロシアと同じスラブ系民族の国で、キリスト教正教会の信者が多く、共通した食文化もあります。

ウクライナの小麦料理

黄金色に実る小麦畑は、ウクライナの象徴です。小麦の生産量では世界10位以内に入るウクライナ。パンやケーキをはじめ、小麦を使った料理がたくさんあります。

ウクライナの小麦畑と青空。国旗の色と同じ。

ウクライナ発祥の「ボルシチ」

ウクライナは、ロシア料理の定番メニューとしても有名な「ボルシチ」の発祥地です。ボルシチは、紅色をした根菜のビーツや、牛肉とキャベツやタマネギなどの野菜をいっしょに煮こんだスープです。使われる材料はさまざまで、ウクライナには50近い種類のボルシチがあるといわれています。ディルやパセリなどの香草とスメタナ（→p37）は、ウクライナ料理に欠かせない調味料で、ボルシチにも使われています。

ワレーニキ
ロシアのペリメニに似た餃子のような料理。小麦粉でつくった生地に、肉やジャガイモ、チーズなどの具を包み、ゆでる。

ボルシチ

クチャ
ウクライナのクリスマス料理の定番。小麦にハチミツやケシの実を入れて煮こんだ、甘い粥のような料理。

その他の代表的なウクライナ料理

キエフ・カツレツ
バターを巻いた鶏むね肉に小麦粉の衣をつけて焼くか揚げるかした料理。キエフはウクライナの首都の名前。

45

さくいん

あ

アートソッパ………………… 34
アイバル……………………… 8
アインシュペンナー………… 23
アプフェル・シュトゥルーデル・ 23
アルタイ共和国……………… 41
アルプス山脈………… 20、22
イースターエッグ…… 32、43
イクラ………………………… 42
イスラム教…………… 30、41
ウィーン……… 20、21、22、23
ウィンナーグラーシュ……… 21
ウィンナーコーヒー………… 23
ウィンナーシュニッツェル… 21
ウォッカ……………… 38、39
ウハー………………………… 43
エステルハージー・ローストブラーテン
…………………………… 22
オープンサンドウィッチ… 11、18
オーロラ……………… 12、13
オスマン帝国… 23、24、27、30

か

カーシャ……………………… 37
カイマック…………………… 34
カジリク……………………… 40
カスノッケン………………… 22
ガチョウ………………… 8、26
カバルマ……………………… 31
カフェ………………………… 23
ガラシュケーキ……………… 31
カラジョルジェバ・シュニッツラ… 35
カレリア地方………………… 19
カロチャ……………………… 27
キエフ・カツレツ…………… 45
キャビア………………… 38、42
ギュベチ……………………… 33

キュルテーシュカラーチ……… 27
郷土料理……… 22、26、31、40
クーゲルフプフ……………… 23
クグロフ……………………… 23
クジラ………………………… 16
クチャ………………………… 45
クネーデル…………… 20、22
クネッケ……………………… 11
クネドリーキ………………… 28
グヤーシュ……… 21、25、26
グラーシュ……… 21、25、28
グラブラックス……………… 16
クリーチ……………………… 43
クリスマス………9、11、16、20、
　　　23、27、32、35、42、45
クレムリン…………………… 36
クロバーザ…………………… 29
黒パン………………………… 37
クワス………………………… 37
くん製……………… 7、13、15、
　　　　　　　　17、35、40
毛皮のコートを着たニシン……… 38
夏至祭………………………… 10
コイ……… 20、27、28、32、43
コース式料理………………… 39
コケモモ………………… 6、7、19
コペンハーゲン……… 17、18
小麦………………… 6、25、28、45
コレドナ・ピトゥカ………… 32

さ

サーミ人………………… 12、13
サーモン………………… 13、16
サーロ………………………… 39
ザクースカ…………… 38、39
ザッハートルテ……………… 23
サハ共和国…………………… 41
サフラン………………… 9、11

サフランスカーカ…………… 11
サモワール…………………… 39
サラート・オリビエ…… 39、43
サラート・ビネグレット…… 39
サラミ………………………… 25
ザリガニ………………… 10、19
ザルツブルク………………… 22
サルミ………………………… 32
ザワークラウト……… 20、35
サワークリーム… 7、25、26、37
塩漬け……… 8、15、17、39、40
シチー………………………… 37
シベリア……………………… 40
シポバン・スルト・シュロック… 26
十字軍………………………… 21
シュールストレーミング…… 7
ショットブラール…………… 6
ショプスカサラダ…………… 31
シレネ………………………… 31
酢漬け……………… 7、9、10、11、
　　　　　　　　19、37、38
ズッペ………………………… 20
ストックホルム………… 6、7
ストロガニーナ……………… 41
スネジャンカ………………… 33
スペインの鳥………………… 29
スメタナ……………… 28、36、37、
　　　　　　　　40、45
スモーブロー………………… 18
スモルガスボード…… 11、19
正教会…… 30、35、42、44、45
世界三大珍味………… 26、38
前菜……………… 11、38、39

た

ターフェルシュピッツ……… 21
タタール（タルタル）ステーキ… 40
タタールスタン共和国……… 40、41

タラ………………… 13、14、15
タラトゥール………………… 33
チーズ・フォンデュー………… 22
チェスニッツァ………………… 35
チャクチャク…………………… 41
チェバプチチ…………………… 35
チローラー・グレステル……… 22
チロル地方……………………… 22
ディル………………… 10、16、45
トカイ・ワイン………………… 27
ドナウ川……… 24、26、27、30
トナカイ…… 6、12、13、16、41
トムテ……………………………… 9
ドライフルーツ…………… 8、43
トルコ…………………………… 23

な

生ハム…………………………… 25
ニシン………………… 7、9、10、
　　　　　　　　　　 11、17、38

は

バイキング…… 11、14、15、17
バウルサク……………………… 41
バカラオ………………………… 15
バシコルトスタン共和国（きょうわこく）… 41
バジャイ・ハラースレー……… 27
パスハ…………………… 42、43
ハチミツ……………… 16、41、45
ハチャプリ……………………… 44
馬肉……………………………… 40
ハプスブルク家……… 20、21、23
パプリカ……………… 24、25、26、
　　　　　　　　　　 27、34、35
パプリカーシュ………………… 25
パラチンタ……………………… 27
バラトニ・フォガッシュ・エゲズベン
………………………………… 27

バラトン湖……………………… 27
バラ祭り………………………… 33
ハルチョー……………………… 44
バルト海………………… 6、7、17
ビーフストロガノフ…………… 36
ピーラッカ……………………… 19
ビネン・ケバブ………………… 31
ビュッフェ……… 9、11、19、38
平パン…………………………… 13
ピルスナー・ビール…………… 29
ピロシキ………………………… 40
ヒンカリ………………………… 44
ピンネヒヨット………………… 16
フィヨルド……………………… 14
フォアグラ……………… 26、38
フォーリコール………………… 16
ブダペスト……………… 24、26
ブダペストスタイルのステーキ… 26
復活祭（ふっかつさい）…… 15、19、20、27、32、
　　　　　　　　　　 35、42、43
プニェナ・パプリカ…………… 35
プハリ…………………………… 44
ブランボラーク………………… 29
フリカデラ……………………… 18
ブリヌイ………………… 41、42
ブルゲンランド州……………… 22
ブレク…………………………… 35
フレスケスタイ………………… 18
プレブラナツ…………………… 35
ベイグリ………………………… 27
ペイストリー…… 21、23、31
ベリー類（るい）……… 6、11、13、19
ペリメニ………………… 40、45
ベルゲン………………… 14、15
ヘルネケイト…………………… 19
捕鯨（ほげい）…………………………… 16
北極圏（ほっきょくけん）……… 6、12、14、16、41
ホップ…………………… 28、29

ホッローケー村………………… 26
ポドバラク……………………… 35
ホフロマ塗（ぬ）り……………… 41
ボヘミア地方…………… 28、29
ポルコルト……………………… 25
ボルシチ………………… 37、45
ホロデッツ……………………… 39

ま

マースレニッツァ……… 42、43
マツォーニ……………………… 44
豆のシチュー…………………… 32
マンガリッツァ豚（ぶた）………… 25
マンミ…………………………… 19
ミシュマシュ…………………… 31
ミルク粥（がゆ）………………… 9、19
無形文化遺産（むけいぶんかいさん）…………… 44
モーツァルト…………… 22、23
モスク…………………………… 41

や

ヤイツァ・ポ・パナギュリシテ… 33
ヤンソンの誘惑（ゆうわく）…………… 11
ユールボード…………………… 9
ヨーグルト…… 31、33、34、44

ら

ライ麦…… 11、13、19、37、39
ラステガイ……………………… 38
ラップランド…………… 12、13
リンツァートルテ……………… 23
ルシア祭………………………… 9
ロシア正教会…… 36、42、43
ロシアンティー………………… 39

わ

ワイン………………… 22、27、44
ワレーニキ……………………… 45

■監修・著
青木ゆり子

e-food.jp 代表。各国・郷土料理研究家。世界の郷土料理に関する執筆をおこなっている。2000年に「世界の料理 総合情報サイトe-food.jp」を創設。日本と海外をつなぐ相互理解・交流を目指し、国内外の優れた食文化に光を当てて広く伝えるために活動中。また、国際的ホテルの厨房で、60か国以上の料理メニューや、外国人客向けの宗教食ハラール（イスラム教）やコーシャ（ユダヤ教）、ベジタリアン等に対応する国際基準の調理現場を経験し、技術を習得。東京にある大使館、大使公邸より依頼を受け、大使館及び大使公邸の料理人として各国の故郷の味を提供。現在、世界5大陸200以上の国・地域の訪問を目指して、一眼レフカメラを片手に料理取材を続けている。

■編／デザイン
こどもくらぶ

稲葉茂勝
石原尚子
長江知子

> ※各国の人口や国土面積ほかの基本情報は、外務省のホームページ「世界の国々」（2016年12月）による。

■写真協力
セルビア大使館、青木ゆり子、Alexei Kuznetsov、レオニード・アニーシモフ、
©Stefan Senft - Fotolia.com、
©ziashusha　©Dar1930
©Geza Farkas／Shutterstock.com、
©Brett Critchley　©Bhofack2　©Mikael Broms
©Hellem　©Scanrail　©Igor Abramovych
©Luis Leamus　©Emeraldgreen
©Viktoriia Panchenko　©Henrik Stovring
©Alexander Mychko　©Lerka555
©Elina Manninen　©Gelia　©Markus Schieder
©Rudi1976　©Ppy2010ha　©Robert Luca
©Elena Schweitzer　©Steffiiiii　©Dbdella
©Ginasanders　©Angela Davis　©Sonyakamoz
©Kabvisio　©Eldeiv　©Anna Todero
©Alexander Mychko　©TamÃ¡s Ambrits
©Natalia Bratslavsky　©2bears
©Deyana Robova　©Nikolay Dimitrov
©Nikolay Dimitrov　©Ewa Rejmer
©Kisamarkiza　©Oleksandrausenko
©Ewa Rejmer　©Nikolay Stoimenov
©Borislav Bajkic　©Nomadbeg　©Visionsi
©Sborisov　©Amberto4ka　©Ruslan Olinchuk
©Natalia Lisovskaya　©Kamski59
©Ivanna Grigorova　©Vitaliy Fedorov　©Anple
©Anastasiap83　©Ajuko　©Marsia16
©Iakov Filimonov　©Radist　©Megeryaanna
©Vyacheslav Kharkin　©Igor Mihailov
©Elenafabbrili　©Mromka　©Alchena
©Ccat82　©Kosta Manzhura
©Olga Renneberg　©Mallivan｜Dreamstime.com

■制作
（株）エヌ・アンド・エス企画

しらべよう！世界の料理⑤　北・中央・東ヨーロッパ　スウェーデン　オーストリア　チェコ　ロシア　ほか　　N.D.C.383

2017年4月　第1刷発行

監修・著　青木ゆり子
　編　　　こどもくらぶ
発行者　　長谷川 均　　編集　浦野由美子
発行所　　株式会社ポプラ社
　　　　　〒160-8565　東京都新宿区大京町 22-1
　　　　　電話　営業：03（3357）2212　編集：03（3357）2635
　　　　　振替　00140-3-149271
　　　　　ホームページ http://www.poplar.co.jp
印刷・製本　大日本印刷株式会社

Printed in Japan

47p 29cm
ISBN978-4-591-15367-3

●落丁本、乱丁本は送料小社負担でお取り替えいたします。
　小社製作部宛にご連絡ください。
　【製作部】電話：0120（666）553　受付時間：月〜金曜日　9：00〜17：00（祝祭日は除く）
●本書のコピー、スキャン、デジタル化等の無断複製は著作権法上での例外を除き禁じられています。
　本書を代行業者等の第三者に依頼してスキャンやデジタル化することは、たとえ個人や家庭内での利用であっても著作権法上認められておりません。

「おいしい」の向こうにある、各国の風土や文化を学ぼう！

しらべよう！世界の料理 全7巻

❶ 東アジア
日本 韓国 中国 モンゴル

❷ 東南アジア
ベトナム タイ フィリピン インドネシア ほか

❸ 南・中央アジア
インド ブータン バングラデシュ ウズベキスタン ほか

❹ 西アジア アフリカ
サウジアラビア トルコ エジプト ナイジェリア ほか

❺ 北・中央・東ヨーロッパ
スウェーデン オーストリア チェコ ロシア ほか

❻ 西ヨーロッパ 北アメリカ
フランス スペイン ギリシャ アメリカ ほか

❼ 中央・南アメリカ オセアニア
メキシコ ブラジル ペルー オーストラリア ほか

監修：青木ゆり子（e-food.jp 代表）

小学校中学年〜中学生向き
各47ページ
N.D.C.383 A4変型判
図書館用特別堅牢製本図書

★ポプラ社はチャイルドラインを応援しています★

18さいまでの子どもがかけるでんわ
チャイルドライン®
0120-99-7777

ごご4時〜ごご9時 ＊日曜日はお休みです　電話代はかかりません 携帯・PHS OK

18さいまでの子どもがかける子ども専用電話です。
困っているとき、悩んでいるとき、うれしいとき、
なんとなく誰かと話したいとき、かけてみてください。
お説教はしません。ちょっと言いにくいことでも
名前は言わなくてもいいので、安心して話してください。
あなたの気持ちを大切に、どんなことでもいっしょに考えます。